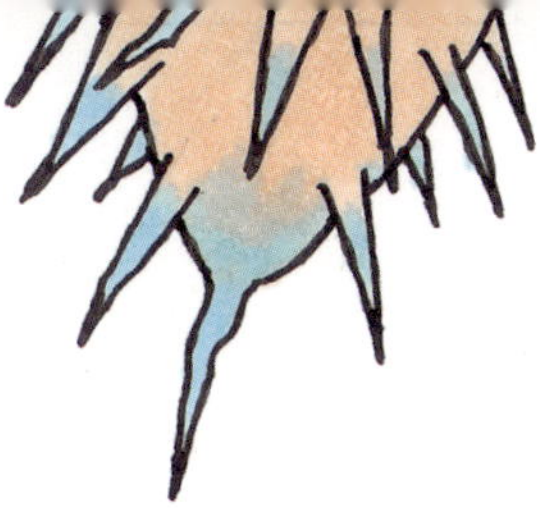

지구를 살리는 미래 이야기

생글생글 바이러스

구스노키 시게노리 글 · 사타케 미호 그림
김지연 옮김

책과콩나무

이 이야기는 지금부터 100년 뒤,

미래에 일어난 일입니다.

은하계에서 아득히 멀리 떨어진 우주의 암흑 속에 대형 우주선이 한 척 떠 있었어요. 작은 별만큼이나 커다란 이 우주선엔 베다 제국의 이다 대왕이 타고 있었어요.

이다 대왕은 베다 제국의 우수한 과학 기술로 만든 무기를 써서 온 우주의 생물이 사는 별이라는 별은 모조리 정복했어요.

물론 문명이 발달한 별 중에는 베다 제국과 맞서 싸우려는 별도 있었지만요.

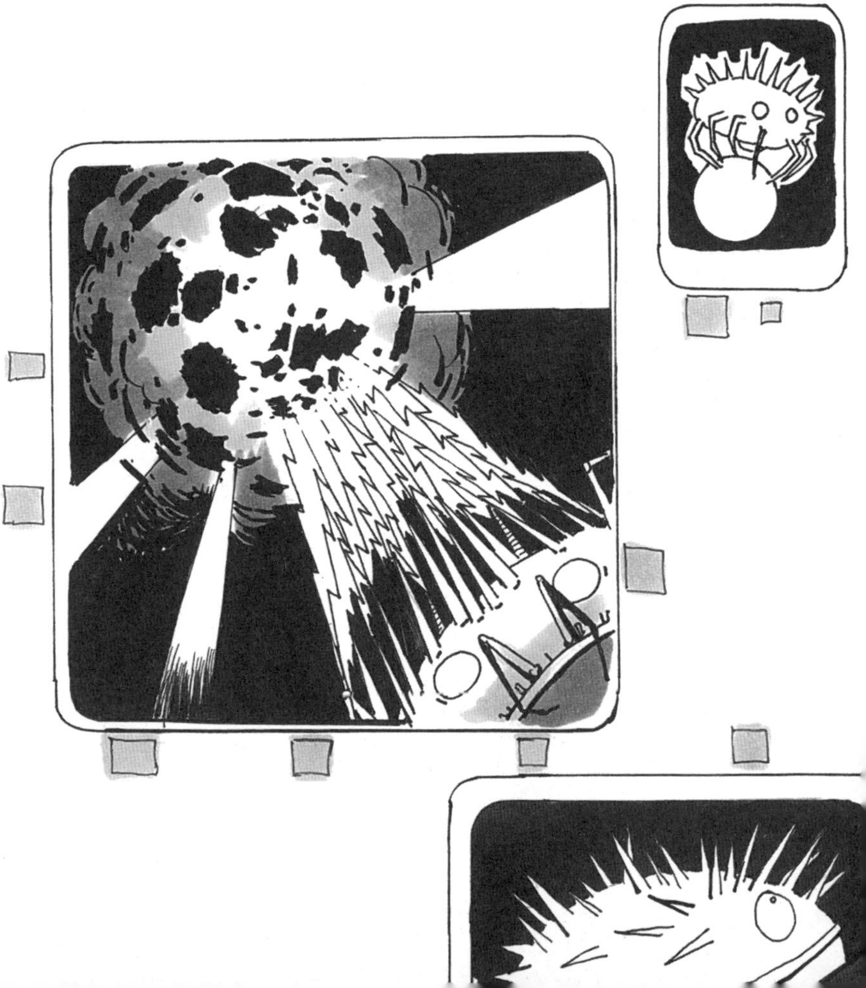

이다 대왕은 베다 제국에 대드는 별의 생물은 전부 멸종시켜 버렸어요. 때로는 별을 통째로 없애 버린 적도 있답니다.

그렇게 해서 지금 이다 대왕은 누구에게나 인정받는 우주의 지배자가 되었어요.

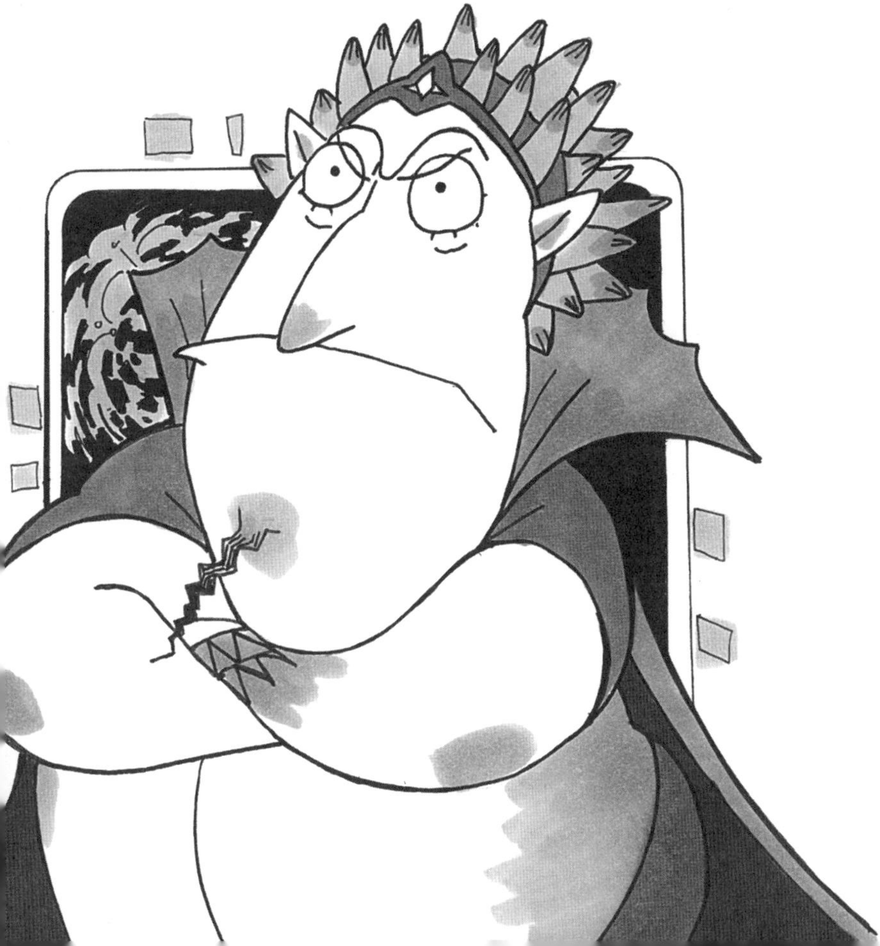

그러던 어느 날, 이다 대왕의 방에 설치된 화면에 깜짝 놀랄 만한 보고가 들어왔어요.

십만 광년 떨어진 은하계에
속한 태양계의 세 번째 행성
에서 생물 반응을 발견했습
니다.
이 별은 아직
정복하지 않은
별입니다.

“뭐라고? 우주에서 생물이 사는 별은 죄다 정복한 줄 알았는데 아직 남아 있다니. 어차피 별 볼 일 없는 작은 별이겠지. 흠, 저 별까지 정복해서 온 우주의 지배자가 되어야겠어.”

잔뜩 얼굴을 찡그린 이다 대왕은 장군들에게 명령을 내려서 태양계를 향해 단숨에 대형 우주선을 출발시켰어요.

겨우 며칠 만에 우주선은 이미 태양계 근처까지 다다랐어요.

평소대로라면 단박에 공격해서 정복했을 테지만, 이번에는 웬일인지 대형 우주선 안의 특별 회의실에 베다 제국의 장군들과 과학자들이 모였어요.

“이게 앞으로 우리가 정복할 ‘지구’라는 별이다.”

이다 대왕이 말하자마자 화면에 지구가 비쳤어요.

“오, 참으로 아름다운 별이군요!”

“이렇게 근사한 별이 다 있다니…….”

그 자리에 있던 모두가 칠흑 같은 어둠 속에 떠

있는 지구의 아름다움에 반해서 자기도 모르게 소리를 질렀어요.

"참 아름다워. 볼품없는 별인 줄 알았더니 우주의 보석이라고 불러도 될 만큼 아름답군. 어떤가? 이 별이야말로 우주 정복의 마지막을 장식하기에 어울리는 별이 아닌가? 이제 모두들 이걸 봐 보게."

화면이 바뀌면서 다시 지구가 나타났어요. 그런데 이번에는 아까보다 훨씬 더 파랗고 훨씬 더 반짝반짝 빛나는 모습이었어요.

"……."

다들 눈부시게 아름다운 광경에 넋을 빼앗겨서 할 말을 잃고 말았어요.

"이것은 이번 조사로 알아낸 100년 전 지구의 모습이다. 지구는 시간이 흐르면 흐를수록 점점 더 아름다움을 잃어 가고 있다. 바로 '인간'이라는 이 생물이 문제다."

이다 대왕이 말을 마치자마자 다시 화면이 바뀌더니 몇몇 나라가 확대되어 나타났어요. 화면에는 오염된 강과 바다와 공기, 점점 황폐해져 가는 숲, 그리고 전쟁과 싸움을 일삼는 사람들의 모습이 비쳤어요.

그 상황을 보고 다 같이 얼굴을 찌푸렸어요.

"어리석기 짝이 없군."

"이대로 가다가는 지구가 더 오염되고 말겠어."

"저 별에서 전쟁이 사라지는 일은 절대로 없을 거야."

“우주에서 제일 아름다운 별에 저렇게 어리석은 인간들을 계속 살게 하는 건 너무 아까워.”

“당장 지구를 정복해서 관리하자!”

"하지만 이렇게 제멋대로에다 싸움을 좋아하는 생물은 우리가 정복하더라도 반란을 일으킬 게 뻔합니다."

"흠, 과연 그 말이 맞아. 저걸 좀 봐. 이제야 우리 우주선을 발견하고 허둥지둥 원시적인 미사일을 쏘아 대는 꼴 하고는."

화면에 여러 나라에서 쏜 미사일이 등장했어요.

“그러면 차라리 지구 상의 모든 인간들을 싹 쓸어 없애 버립시다!”

“그건 안 됩니다. 그러다가는 지금 남아 있는 아름다운 자연까지 다 잃을 수도 있거든요.”

장군들과 과학자들이 지구를 정복할 방법에 관해 너도나도 의견을 냈습니다.

하지만 안타깝게도 지구를 망가뜨리지 않고 정복할 수 있는 방법은 하나도 없었어요.

"이런, 이런……. 아름다움을 간직한 채로 지구를 손에 넣는 방법은 정녕 없단 말인가!"

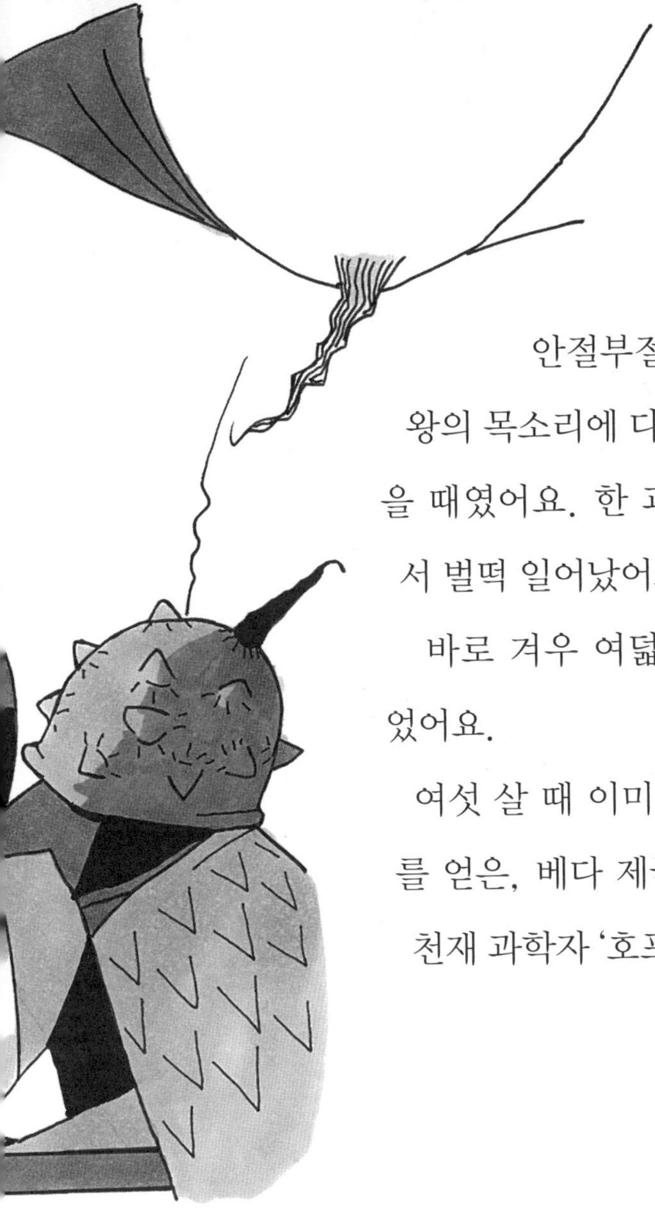

안절부절못하는 이다 대왕의 목소리에 다들 벌벌 떨고 있을 때였어요. 한 과학자가 자리에서 벌떡 일어났어요.

바로 겨우 여덟 살짜리 소년이었어요.

여섯 살 때 이미 '박사'라는 칭호를 얻은, 베다 제국에서 으뜸가는 천재 과학자 '호프 박사'였어요.

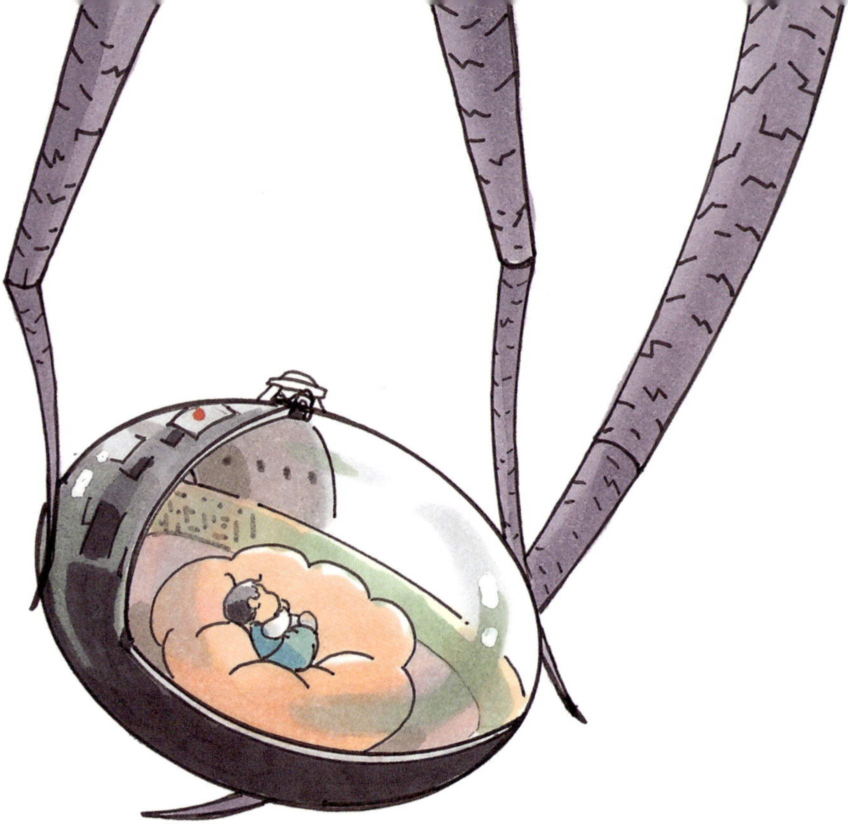

탈출 캡슐 안에서 잠든 채 홀로 우주를 둥둥 떠다니던 호프 박사를 베다 제국의 우주선이 발견했어요.

그 캡슐은 몇십 년 전에 조난당한 우주선에서 따로 떨어져 나온 거였어요.

잠에서 깨어난 호프 박사는 우주를 떠돌던 시간을 되돌리기라도 할 기세로 베다 제국은 물론 온 우주의 모든 지식을 빠르게 배우고 흡수했어요.

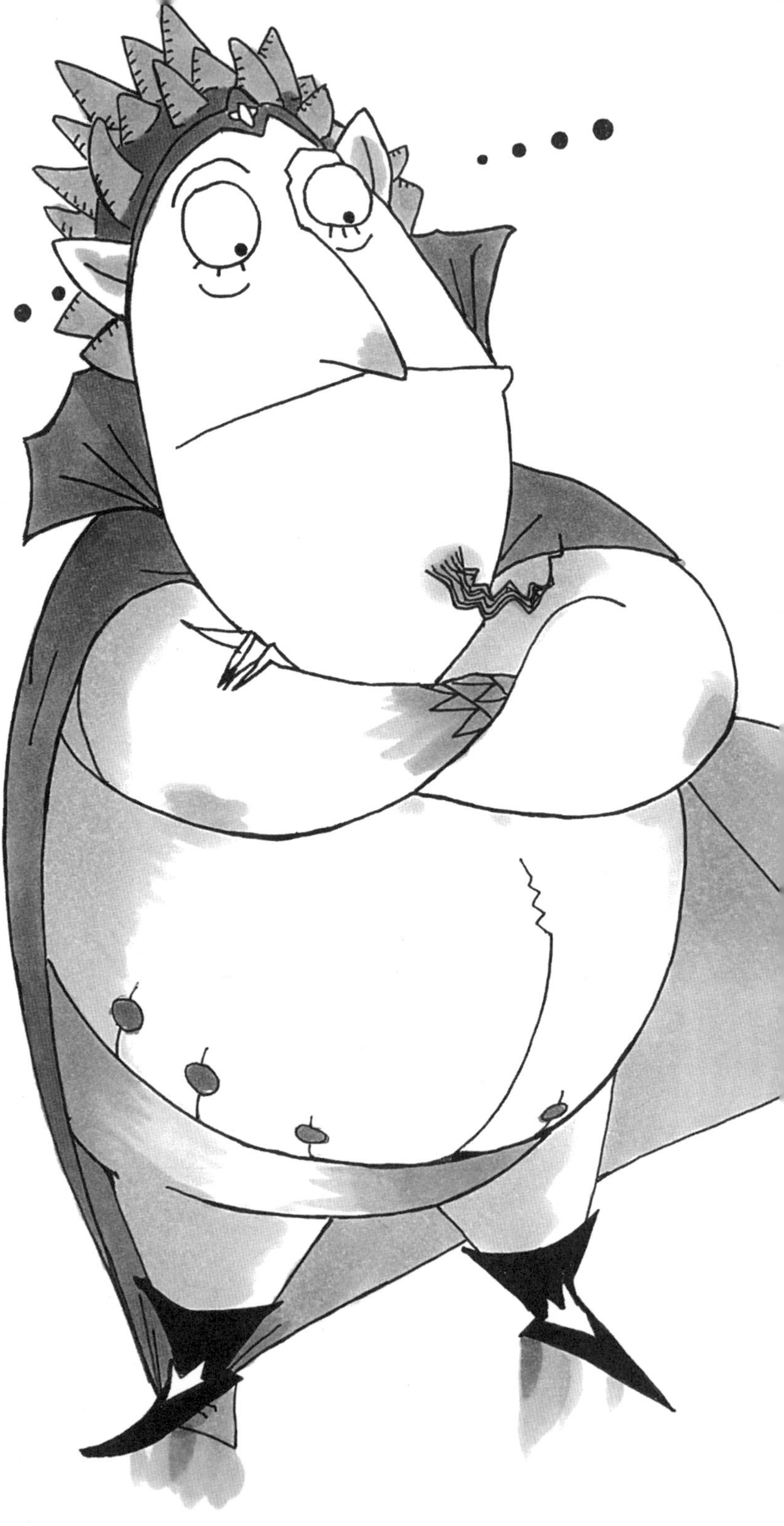

호프 박사는 지금까지 빛의 힘으로 우주선을 순간 이동시키는 장치와 수명을 세 배로 늘리는 약을 비롯해 모두에게 도움이 되는 것들을 잇달아 발명해 냈어요.

"이다 대왕님, 먼저 지구인들의 마음씨를 착하게 바꾸고 나서 우리 베다 제국이 정복하는 게 어떨까요?"

"거 참 좋은 생각이군. 그런데 어떻게 지구인들을 착하게 바꾼다는 말인가?"

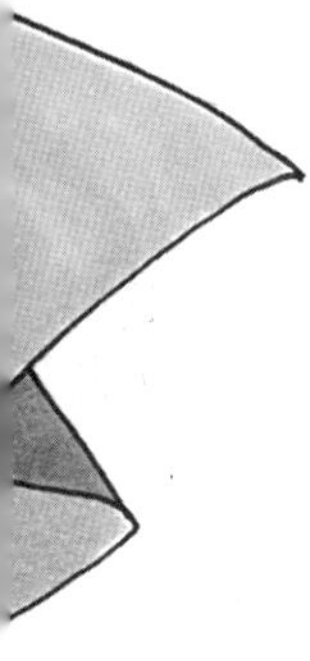

“제가 비밀리에 연구해 온 신형 바이러스를 사용하도록 허락해 주세요.”

“흠, 신형 바이러스라고?”

“네. 제가 ‘생글생글 바이러스’를 만들었는데요, 이 바이러스가 몸속으로 들어가면 ‘생글생글 병’에 걸려요.”

“생글생글 병은 어떤 병인가?”

"생글생글 바이러스가 몸속으로 들어가면 재채기를 크게 세 번 하게 돼요. 그러면 곧바로 생글생글 병의 증상이 나타나기 시작하지요. 이 병에 걸리면 항상 생글생글 웃으면서 다른 사람을 먼저 배려하고, 누구에게나 친절을 베풀고 싶어진답니다."

"겨우 그런 걸로 지구를 정복할 수 있다고?"

"네. 지금 연구 중인 생글생글 바이러스는 아직 힘이 약하기는 해도 애초에 치료 약이 없는 바이러스거든요. 병에 걸리지 않으려면 제가 만든 백신 주사를 맞고 예방하는 방법밖에 없어요. 생글생글 병은 생글생글 바이러스를 통해 널리 퍼져 나갈 테고, 그 결과 지구인은 한 명도 빠짐없이 착한 마음씨를 가지게 되지요. 그러면 우리가 정복하러 가더라도 싸우려고 대들기는커녕 오히려 우리를 따뜻하게 맞이해 줄 게 분명해요."

"구미가 당기는군. 역시 베다 제국, 아니 우주에서 제일가는 천재 소년 과학자 호프 박사야."

"대왕님, 저는 오직 온 우주의 진정한 평화를 바랄 뿐이에요."

"하하하! 과연, 내가 이 우주를 지배하게 되면 더는 싸울 상대가 없어지니까 저절로 평화가 찾아오지. 그런데 시간은 얼마나 걸리겠나? 몇 년씩 걸린다는 말은 하지 말게."

"지구 시간으로 계산했을 때 일주일이면 충분합니다."

"좋아! 그렇다면 당장 '생글생글 바이러스 작전'을 실행한다!"

"네!"

이다 대왕이 명령을 내리자마자 다 같이 입을 모아 대답하고 바로 준비를 시작했어요.

몇 시간 뒤, 대형 우주선에서 지구의 각 대륙을 향해 생글생글 바이러스를 실은 고성능 미사일이 발사되었어요.

미사일은 아무에게도 들키지 않고 지구의 대기권으로 들어가서 펑 하고 폭발했어요.

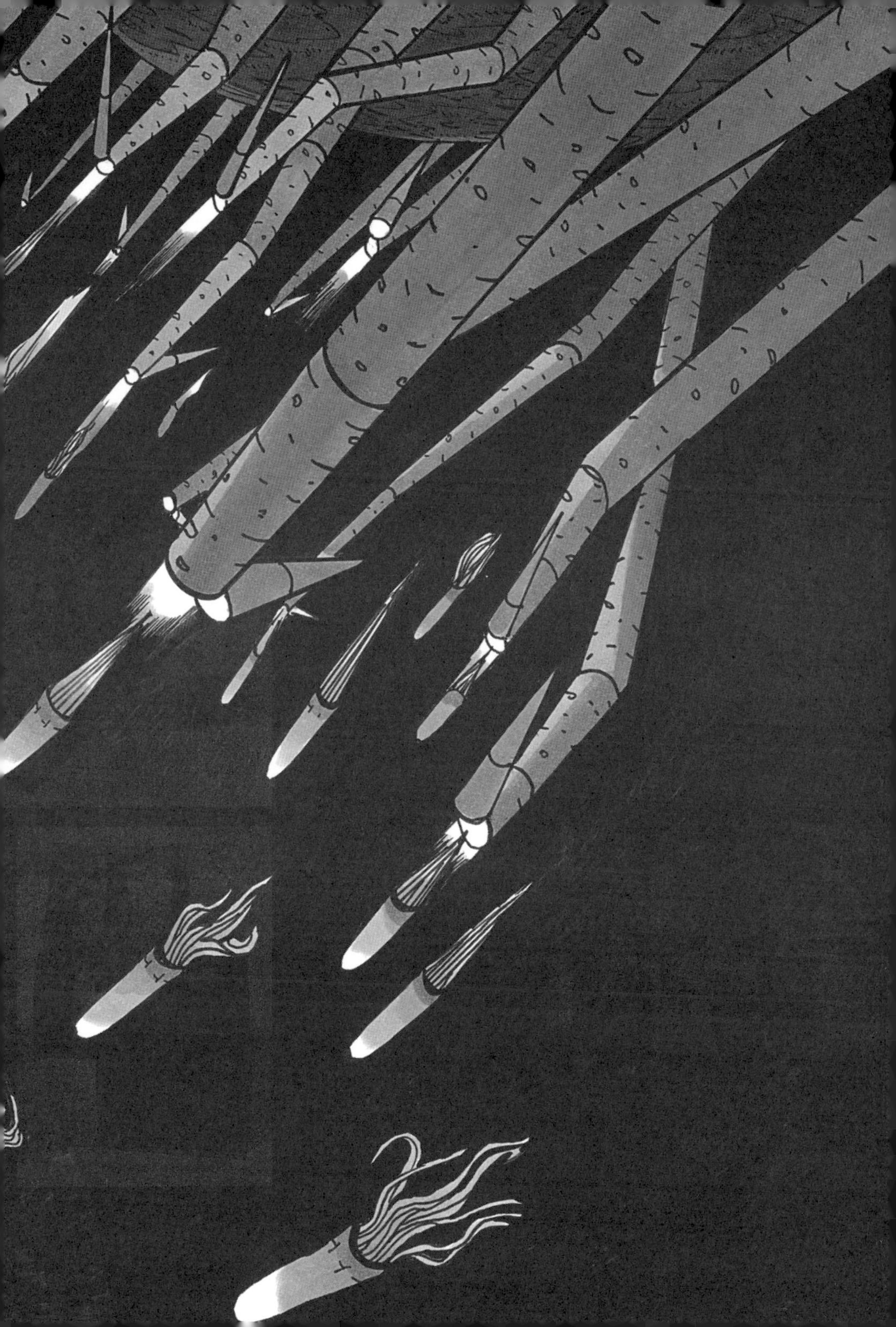

공중으로 흩어진 생글생글 바이러스는 바람을 타고 눈 깜짝할 사이에 널리 퍼져서 코와 입을 통해 사람들의 몸속으로 들어갔어요.

"에취, 에취, 에취!"

지구 상에 있는 모든 나라에서 몇억 명이나 되는 사람들이 차례차례 큰 소리로 재채기를 세 번씩

했어요. 그러더니 곧바로 생글생글 웃으면서 주변 사람들에게 다정하고 친절해졌어요.

맞아요, 생글생글 병에 걸린 거예요.

이제 어떻게 됐을까요?

전쟁을 벌이던 병사들은 한꺼번에 무기를 버리고, 지금까지 싸우던 적군과 생글생글 웃으면서 악수를 하고 대화를 시작했어요.

친구와 티격태격하던 아이들은 순순히 사과하고 화해했고요.

자동차는 서로서로 길을 양보하고, 길을 건던 사람들은 앞장서서 쓰레기를 주웠어요. 전 세계의 모든 공장에서는 물과 공기를 오염시키지 않기 위해 회의가 열렸어요.

생글생글 병이 퍼지면서, 굶주림과 병으로 고통스러워하는 사람들에게 여러 나라에서 식량과 의약품을 잇달아 보내 줬어요.

다들 생글생글 웃으면서 자기 자신보다 다른 사람에게 도움이 되는 일을 하고 싶어졌거든요.

생글생글 병은 놀랄 만큼 빠르게 지구 전체에 퍼져 나갔어요.

지구는 순식간에 이다 대왕의 속셈대로 남을 배려하고 환경을 보호하며 평화를 사랑하는 별이 되었어요.

생글생글 바이러스가 지구에 뿌려진 지 일주일이 지났어요.

날마다 화면으로 지구의 상황을 확인하던 이다 대왕은 달라진 지구인들의 행동을 보고 각 나라에 메시지를 보냈어요.

"나는 우주의 지배자, 베다 제국의 이다 대왕이다. 앞으로 사흘 뒤에 베다 제국의 장군들을 데리고 지구를 방문하겠다."

이다 대왕의 메시지를 받은 세계 각 나라에서는 곧바로 회의가 열렸어요.

물론 베다 제국을 두려워하거나 베다 제국과 전쟁을 벌이려는 건 아니에요.

어떻게 하면 처음으로 지구를 찾아오는 우주의 방문객을 기쁘게 해 줄 수 있을지 의논하기 위해서였어요.

그런 다음 모든 사람들은 이다 대왕과 장군들을 환영할 준비에 들어갔어요.

"호호호, 전부 계획대로 착착 진행되는구나."

메시지를 보내고 사흘 뒤, 생글생글

병을 예방하는 주

사를 맞은

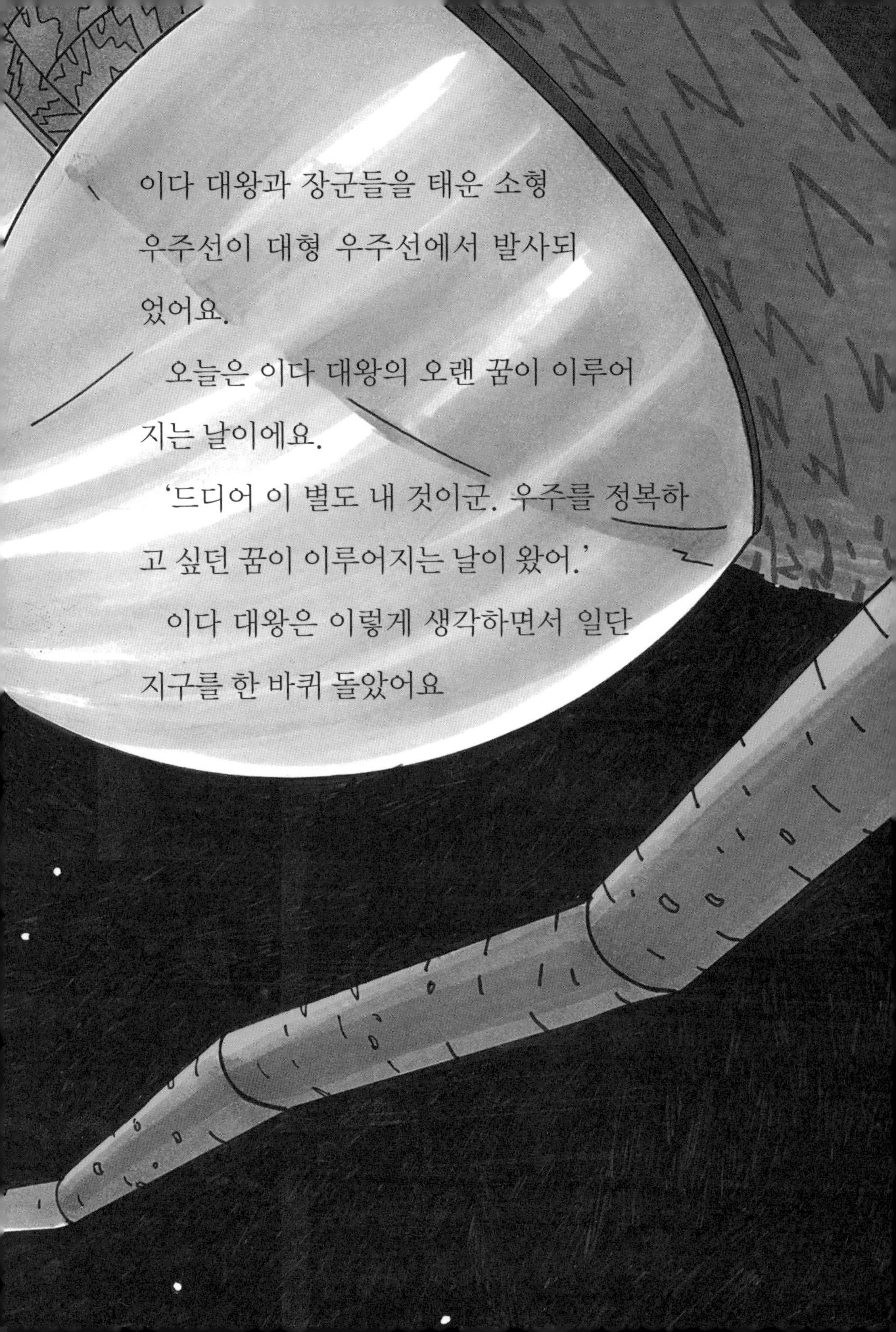

이다 대왕과 장군들을 태운 소형 우주선이 대형 우주선에서 발사되었어요.

오늘은 이다 대왕의 오랜 꿈이 이루어지는 날이에요.

'드디어 이 별도 내 것이군. 우주를 정복하고 싶던 꿈이 이루어지는 날이 왔어.'

이다 대왕은 이렇게 생각하면서 일단 지구를 한 바퀴 돌았어요

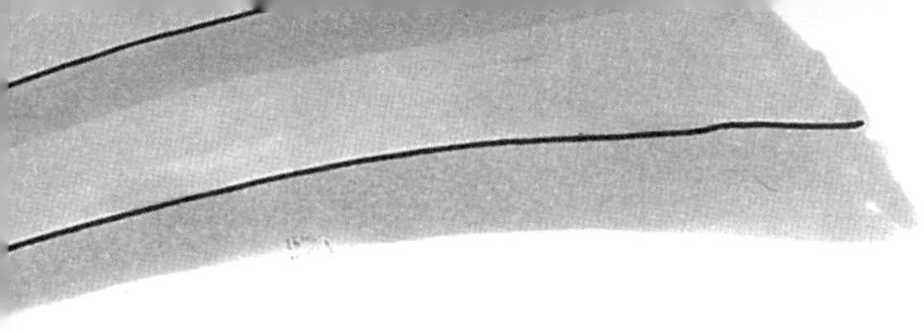

소형 우주선의 화면에 지구의 모습이 비쳤어요.

지구인들이 생글생글 웃으면서 우주선을 올려다보며 힘차게 손을 흔들고 있었어요.

바로 아시아
지역에 있는
코차팬이라는
나라입니다.

"이번 정복 작전은 대성공이구나. 이대로라면 지구인을 지배하는 건 누워서 떡 먹기겠어."

이다 대왕이 화면을 향해 질문을 던졌어요.

"이 중에서 우리를 가장 뜨겁게 환영하는 나라는 어디인가?"

"바로 아시아 지역에 있는 코차팬이라는 나라입니다."

화면은 그렇게 대답하면서 코차팬을 비춰 주었어요.

웰컴 투 코차팬!
이다 대왕님, 환영합니다!
베다 제국을 극진히 대접하겠습니다!
지구에 잘 오셨습니다!
베다 제국
환영

여기저기에 '지구에 잘 오셨습니다!', '웰컴 투 코차팬!', '이다 대왕님, 환영합니다!', '베다 제국을 극진히 대접하겠습니다!'라는 메시지가

쓰여 있었어요. 또 고층 빌딩 한 면을 다 차지할 만큼 큼지막한 현수막이 걸려 있는 곳도 있었어요.

“좋아, 그럼 저 나라에 착륙하면 되겠군. 저기 높다란 산 기슭에 각 나라 대표들을 불러 모으도록 하게.”

웰컴 투

이다 대왕의 명령은 곧바로 세계 각 나라의 대통령과 수상에게 전해졌어요.

이다 대왕을 맞이하기 위해 부랴부랴 코차팬으로 달려온 각 나라의 대표들은 하나같이 하늘을 향해 생글생글 웃으면서 우주선을 기다렸어요.

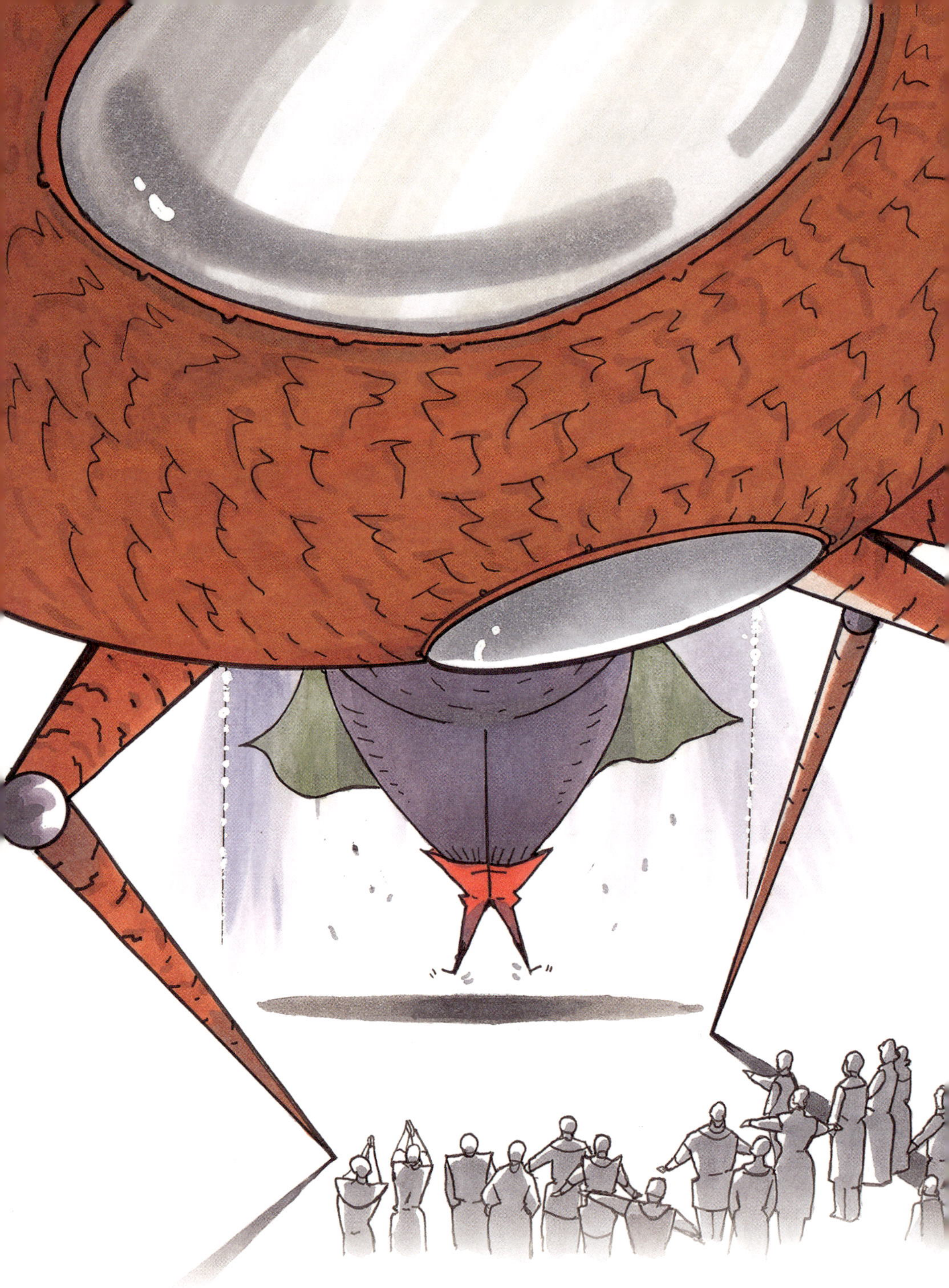

"자, 이제 착륙하자."

이다 대왕을 태운 소형 우주선이 대표들이 모인 곳으로 천천히 내려왔어요.

소형 우주선의 문이 열리면서 이다 대왕과 장군들이 지구에 첫발을 내디뎠어요.

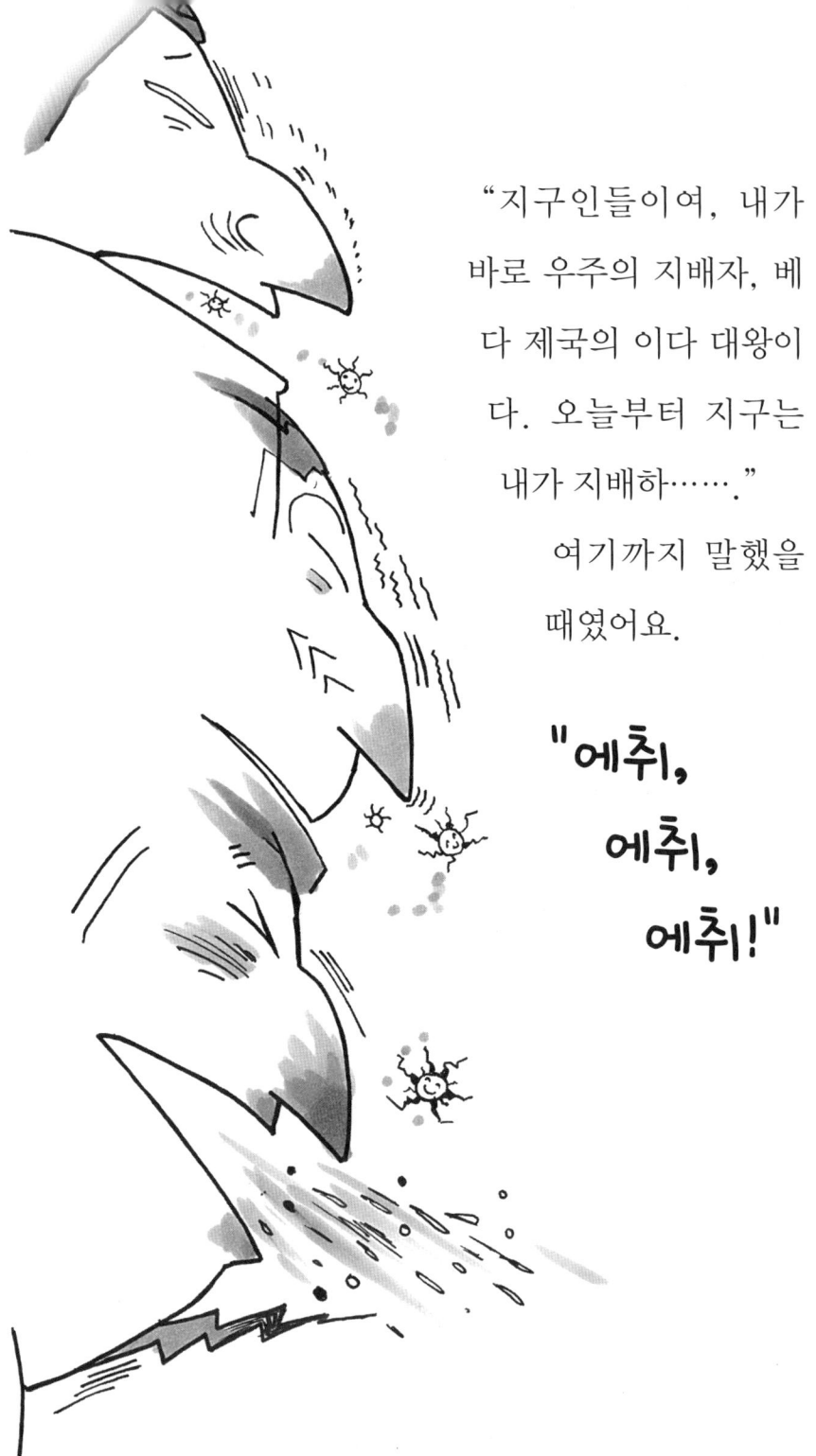

"지구인들이여, 내가 바로 우주의 지배자, 베다 제국의 이다 대왕이다. 오늘부터 지구는 내가 지배하……."

여기까지 말했을 때였어요.

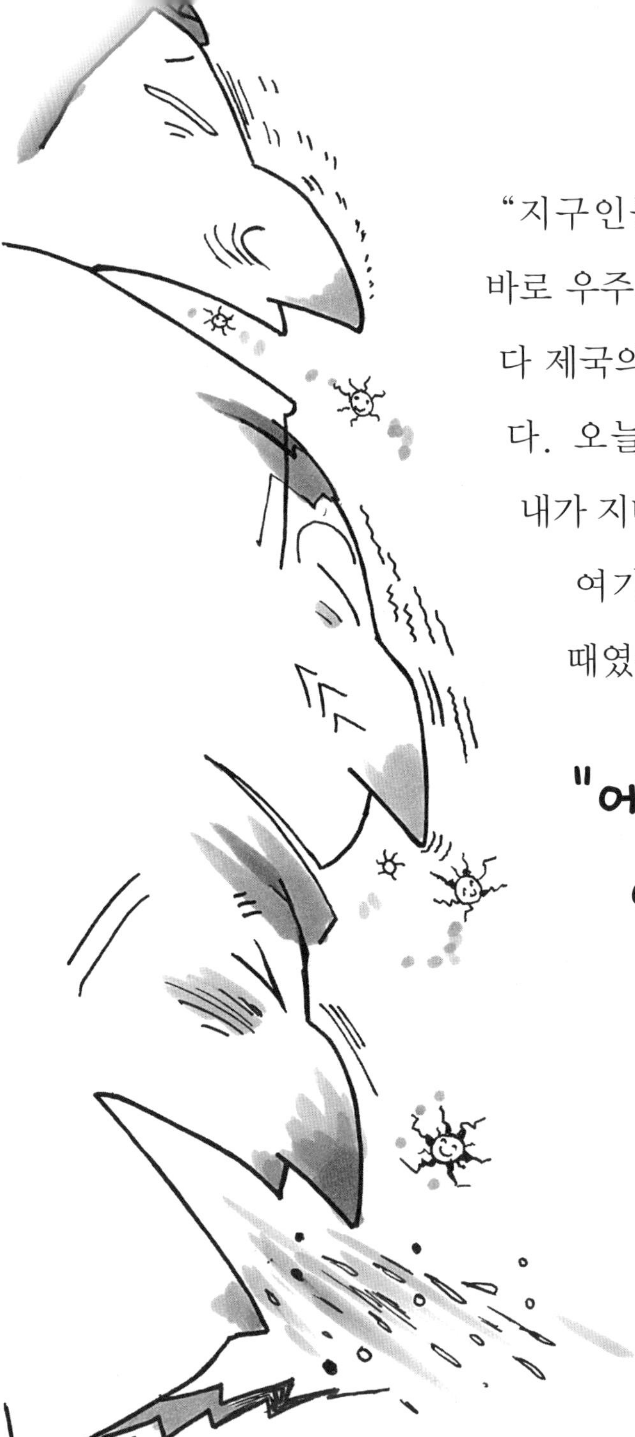

"에취,
에취,
에취!"

이다 대왕이 쩌렁쩌렁한 목소리로 잇달아 재채기를 세 번 하는 게 아니겠어요!

도대체 어떻게 된 일일까요?

예방 주사를 맞았는데도 이다 대왕은 그만 생글생글 병에 걸려 버리고 말았어요.

깜짝 놀라서 눈을 동그랗게 뜬 장군들 사이에서 호프 박사가 고개를 살짝 끄덕였어요.

'100년 전의 지구를 보면 원래 지구인은 누구나 상냥하고 친절한 마음을 가지고 있었어. 그래서 인간의 몸속에서 생글생글 바이러스가 더 강하게 바뀌었지. 전부 다 내 예상대로 됐어.'

생글생글 병에 걸린 것은 이다 대왕만이 아니었어요.

"에취, 에취, 에취!"

허둥지둥 코와 입을 막은 장군들도 차례차례 재채기를 시작했어요.

'이다 대왕과 장군들이 더 강해진 생글생글 바이러스를 통해 누구보다 착하고 친절한 마음을 갖는 것이 나의 비밀 계획이었지.'

호프 박사는 미소를 지으면서 그 모습을 바라보다가 마침내 땅을 밟았어요. 그러자 어쩐지 그리움이 밀려왔어요. 호프 박사는 한참 동안 아름다운 산과 높푸른 하늘을 올려다보았답니다.

얼마쯤 지나서 베다 제국 장군들의 재채기가 잦아들자, 생글생글 병에 걸린 이다 대왕이 생글생글 웃으면서 외쳤어요.

"여러분, 우리는 지금껏 우주에서 수많은 별을 봐 왔지만, 지구만큼 아름다운 별은 없었습니다. 이 아름다운 지구의 주인은 지구인 여러분입니다. 앞으로도 여러분의 힘으로 언제까지나 지구를

아름답게 지켜 주시기 바랍니다. 우리도 온 힘을 다해서 돕겠습니다."

"이다 대왕님, 고맙습니다!"

"우리는 베다 제국에서 오신 여러분을 진심으로 환영합니다."

함박웃음을 지은 이다 대왕과 장군들은 이렇게 대답하는 각 나라 대표들과 힘차게 악수를 나눴어요. 그리고 지구와 우주의 평화를 지키기 위해 서로 힘을 모으기로 약속했어요.

몇 날 며칠 동안 세계 여러 나라에서 환영을 받으며 시간을 보내다가 생글생글 웃으면서 대형 우주선으로 돌아온 이다 대왕과 장군들 때문에 큰일이 나고 말았어요.

순식간에 대형 우주선 안에 강력한 생글생글 바이러스가 퍼진 거예요.

온갖 별에서 전쟁을 겪은 병사들과 무시무시한 무기를 만든 과학자들도 재채기를 세 번 하자마자 생글생글 웃기 시작했어요.

베다 제국 국민들이 한 사람도 빠짐없이 다 상냥하게 바뀌고 나자, 이다 대왕은 이렇게 선언했어요.

"여러분, 오늘부터 우리나라는 베다 제국에서 '생글생글 평화국'으로 새로 태어납니다. 또 나 이다 대왕은 '스마일 대왕'으로 이름을 바꾸겠습니다. 이제부터 모든 별과 사이좋게 지내고, 우주의 평화를 지키기 위해 우리가 가지고 있는 모든 힘을 사용합시다!"

"찬성! 찬성!"

"생글생글 평화국 만세!"

"만세! 만세! 스마일 대왕 만세!"

웃음소리와 기쁨에 겨운 목소리가 대형 우주선 안에 가득 울려 퍼졌어요.

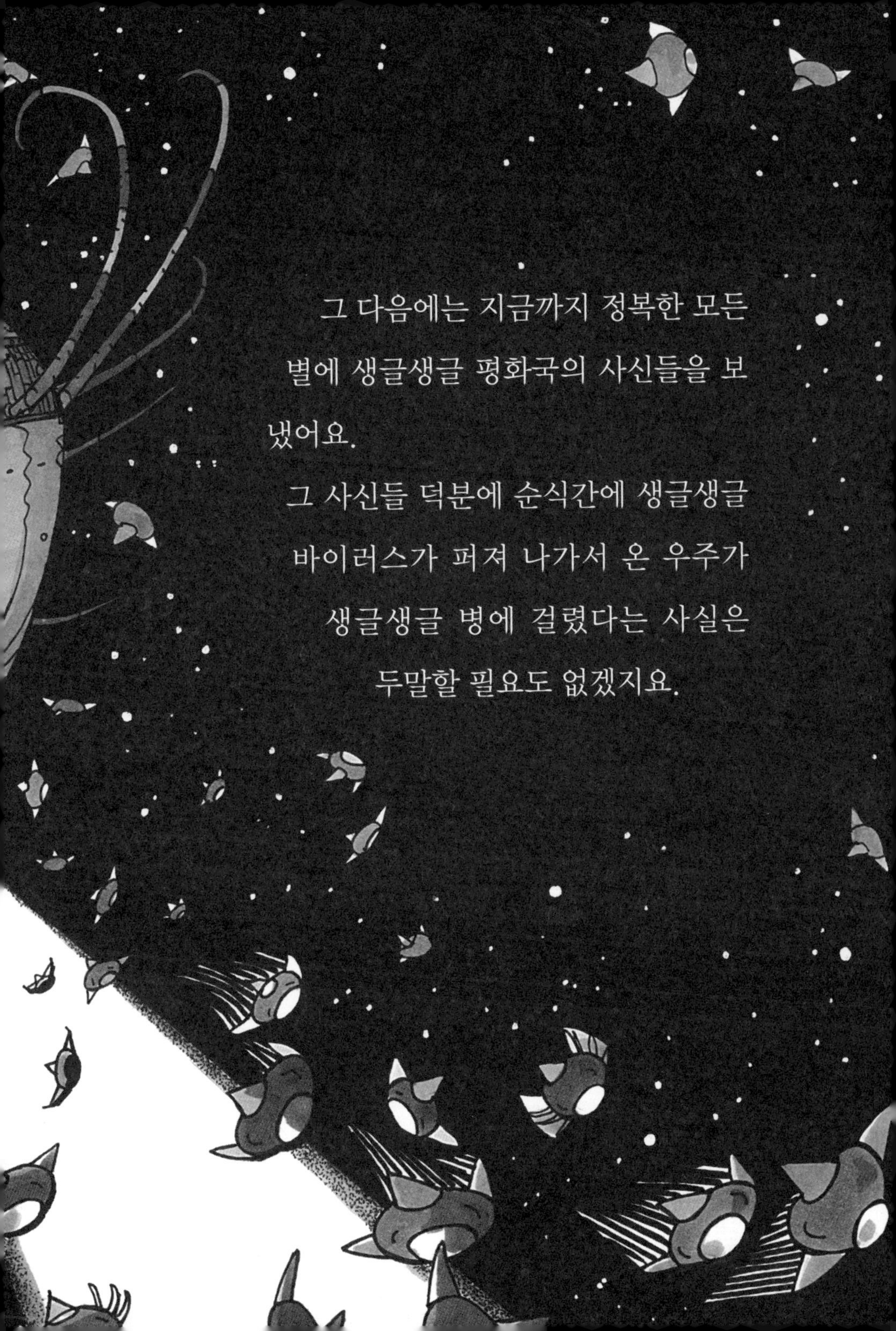

그 다음에는 지금까지 정복한 모든 별에 생글생글 평화국의 사신들을 보냈어요.

그 사신들 덕분에 순식간에 생글생글 바이러스가 퍼져 나가서 온 우주가 생글생글 병에 걸렸다는 사실은 두말할 필요도 없겠지요.

베다 제국의 생글생글 바이러스 작전은 실패했어요.

우주를 정복하고 싶었던 이다 대왕의 꿈도 물거품이 되고 말았고요.

그러나 천재 소년 과학자 호프 박사가 바라던 우주의 평화는 이루어졌어요.

그렇습니다.

그때부터 우주에서는 싸움과 다툼이 사라졌어요. 모든 별과 모든 나라에 평화가 찾아오고, 사람들은 다들 사이좋게 지내게 되었답니다.

호프 박사에게서 온 편지

지구인 여러분, 안녕하세요. 호프입니다.

미래의 이야기는 재미있게 읽었나요?

베다 제국의 우주선 화면에 비친 100년 뒤의 지구를 다들 기억하고 있겠죠? 지금보다 더 강과 바다와 공기는 오염되고, 숲은 황폐해지고, 사람들은 전쟁과 다툼을 일삼는 모습이었어요.

그래서 나는 지금 중요한 이야기를 하나 하려고 해요.

지구의 미래는 100년 뒤에 내가 만든 '생글생글 바이러스'가 없어도 여러분 한 사람 한 사람의 힘으로 지금부터 바꿀 수 있어요.

왜냐하면, 지구인 여러분은 모두 착하고 친절하고 아름다운 마음씨를 가지고 있기 때문이에요.

< 퀴즈 >

천재 소년 과학자 호프 박사는 이다 대왕과 달리 지구에서도 생글생글 병에 걸리지 않았습니다.

그 까닭은 무엇일까요?

<정답>

왜냐하면 호프 박사도 우리와 마찬가지로 지구인이기 때문이지요.

그래서 호프 박사는 처음부터 착하고 친절하고 아름다운 마음씨를 가지고 있었어요.

주위 사람들 중에도 언제나 생글생글 웃고 누구에게나 상냥하고 친절한 사람이 있지 않나요? 그런 사람들은 틀림없이 생글생글 병에 걸리지 않을 거예요.

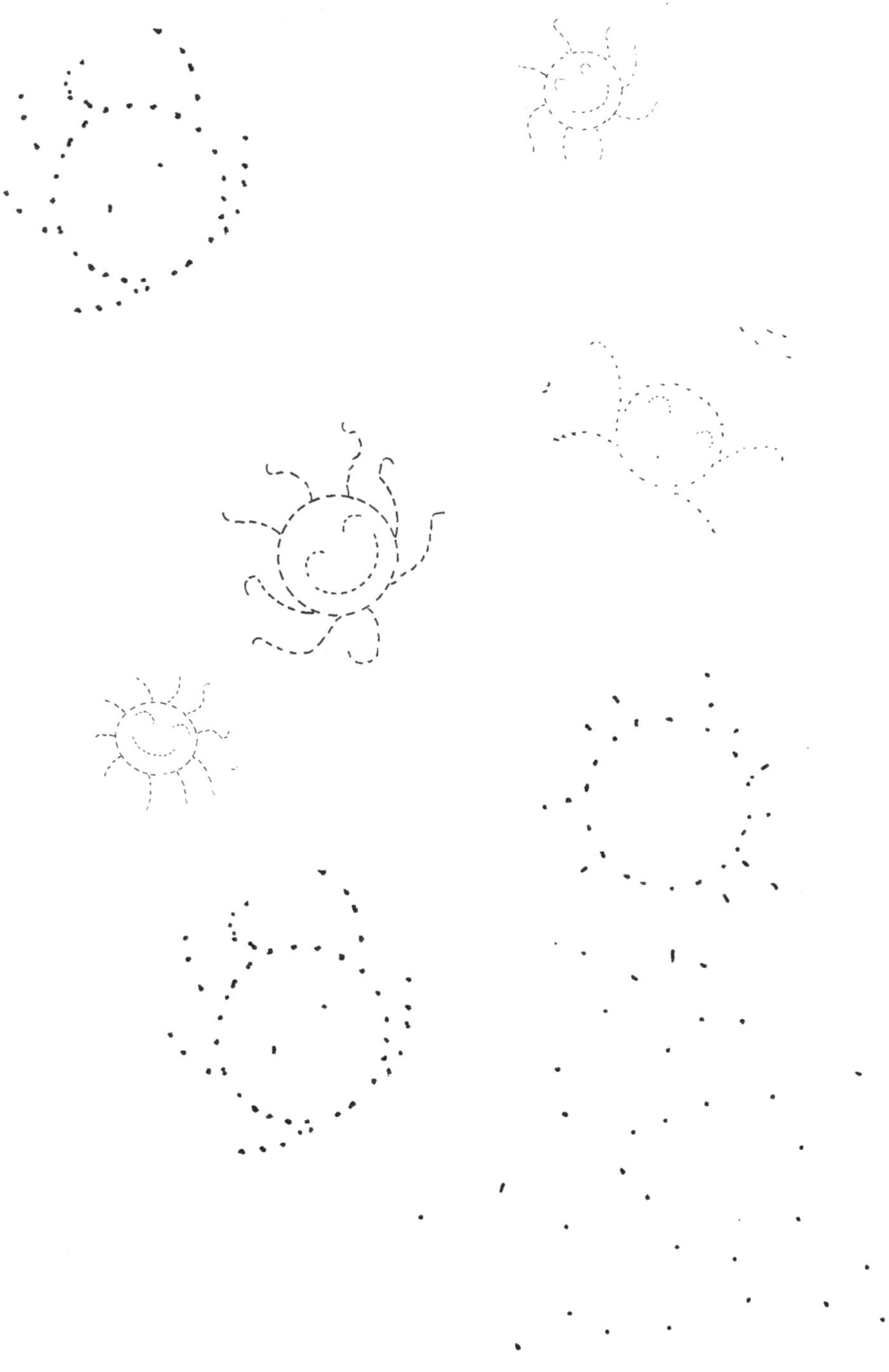

옮긴이 김지연
대구에서 태어나 경북대학교 일어일문과를 졸업했습니다. KBS 방송아카데미 영상번역 과정과 바른번역 아카데미 출판번역 과정을 공부했습니다. 그동안 옮긴 책으로는 『양말 들판』 『숙제 안 하는 게 더 힘들어』 『소원이 이루어지는 신기한 일기』 『미안해 미안해 미안해』 『생글생글 바이러스』 등이 있습니다.

독깨비 51
지구를 살리는 미래 이야기
생글생글 바이러스

펴낸날 | 초판 1쇄 2017년 11월 25일
초판 3쇄 2019년 6월 25일
글쓴이 | 구스노키 시게노리
그린이 | 사타케 미호
옮긴이 | 김지연
펴낸이 | 정현문
편 집 | 양덕모
마케팅 | 강보람
디자인 | 이선주
펴낸곳 | 책과콩나무
등 록 | 제406-3130000251002007000153호
주 소 | 경기도 파주시 회동길 37-20 4층
전 화 | 02-3141-4772(마케팅), 02-6326-4772(편집)
팩 스 | 02-6326-4771
이메일 | booknbean@naver.com
블로그 | http://blog.naver.com/booknbean
인스타그램 | www.instagram.com/booknbean01
ISBN 979-11-86490-74-7 73830

* 이 도서의 국립중앙도서관 출판예정도서목록(CIP)은 서지정보유통지원시스템 홈페이지(http://seoji.nl.go.kr)와 국가자료공동목록시스템(http://www.nl.go.kr/kolisnet)에서 이용하실 수 있습니다. (CIP제어번호 : CIP2017029376)

* 잘못된 책은 구입하신 곳에서 바꾸어 드립니다.